Calentamiento global

Shelly Buchanan, M.S.

Asesora

Leann Iacuone, M.A.T., NBCT, ATC
Riverside Unified School District

Créditos de publicación

Rachelle Cracchiolo, M.S.Ed., *Editora comercial*
Conni Medina, M.A.Ed., *Gerente editorial*
Diana Kenney, M.A.Ed., NBCT, *Editora principal*
Dona Herweck Rice, *Realizadora de la serie*
Robin Erickson, *Diseñadora de multimedia*
Timothy Bradley, *Ilustrador*

Créditos de las imágenes: Portada, pág.1 Claus
Lunau / Science Source; Portada, págs.1, Contraportada,
4, 6, 8, 11, 13 (inferior), 14, 16, 18, 19 (fondo), 20-22, 24,
27, 31 iStock; pág.6 -7 (ilustración) Timothy Bradley; pág.9
(ilustración) Timothy Bradley; pág.12 (ilustración) Travis
Hanson; pág.13 (superior) Alamy; pág.15 (ilustración)
Travis Hanson; pág.17 NASA; pág.19 John Shaw/Science
Source; pág.21 NASA; pág.23 (derecha) Alamy; pág.25
(fondo) NASA, (inferior) Alamy; las demás imágenes
cortesía de Shutterstock.

Teacher Created Materials

5301 Oceanus Drive
Huntington Beach, CA 92649-1030
http://www.tcmpub.com

ISBN 978-1-4258-4723-4

Contenido

Hace más ꙮ más calor

La Tierra se está calentando. La mayor parte de este calentamiento ha ocurrido durante miles de años. Pero se ha acelerado mucho en los últimos cien años. La temperatura promedio de la Tierra se ha elevado un grado. Quizás no parezca mucho, pero puede afectar a los océanos, la geografía, las plantas y los animales de la Tierra. Este cambio se conoce como *calentamiento global*. Pero para comprender el proceso, debemos antes comprender algunas cosas: el **tiempo atmosférico** y el **clima**, el ciclo del carbono y el **efecto invernadero**.

Pequeña Edad de Hielo

La Tierra naturalmente pasa por períodos graduales de calentamiento y enfriamiento. Entre los años 1300 y 1870, la Tierra experimentó un período de enfriamiento llamado *Pequeña Edad de Hielo*. Durante esta época, las temperaturas promedio descendieron y el mundo entero se sintió más frío.

Tiempo atmosférico o clima

El tiempo atmosférico son las condiciones exteriores de un lugar en un día determinado. El tiempo atmosférico puede cambiar en apenas unas horas. Los meteorólogos hablan sobre la temperatura y nubosidad probables para un lugar en diferentes momentos.

El clima es el tiempo atmosférico promedio para una área o región a lo largo del tiempo. Por ejemplo, Montana tiene un clima nevoso. Hawái es conocido por su clima tropical. En pocas palabras, la diferencia entre tiempo atmosférico y clima es cuánto dura.

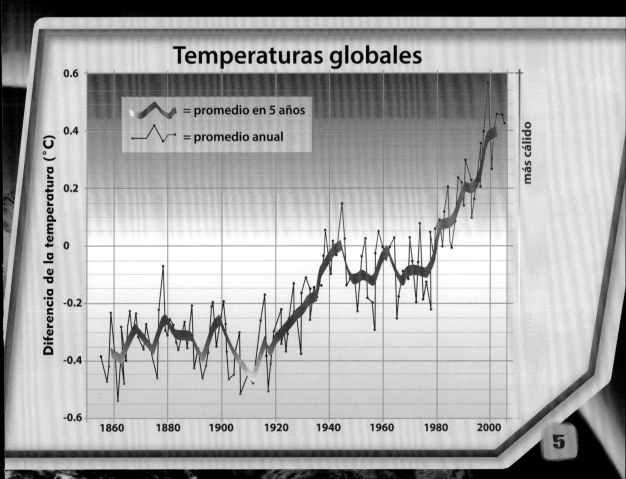

Temperaturas globales

= promedio en 5 años
= promedio anual

Diferencia de la temperatura (°C)

más cálido

El ciclo del carbono

Cada ser vivo de la Tierra está hecho parcialmente de carbono. El carbono se mueve a través de la **atmósfera**, la tierra y los océanos. Está siempre en movimiento.

El carbono se une con el oxígeno para formar el **dióxido de carbono** en el aire y el agua. Las plantas en la tierra y en el océano absorben este gas para fabricar su alimento. Los animales inhalan oxígeno y exhalan dióxido de carbono. Los incendios forestales y volcanes en erupción también liberan dióxido de carbono.

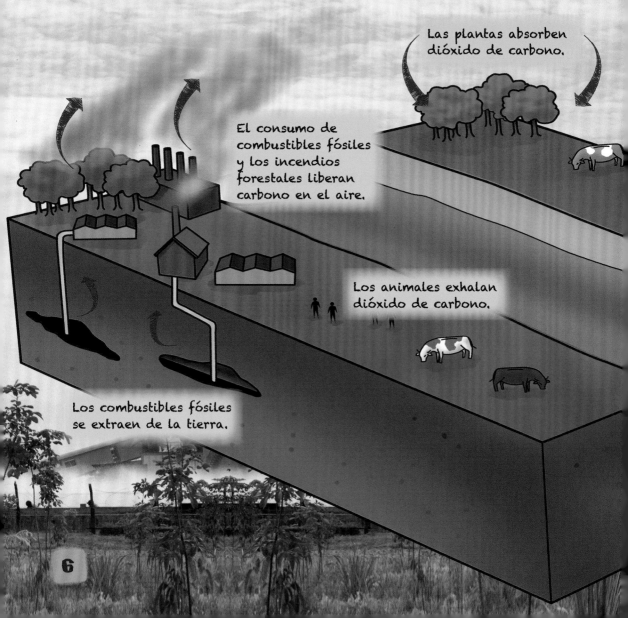

Las plantas absorben dióxido de carbono.

El consumo de combustibles fósiles y los incendios forestales liberan carbono en el aire.

Los animales exhalan dióxido de carbono.

Los combustibles fósiles se extraen de la tierra.

Cuando las plantas y los animales mueren, el carbono se mueve nuevamente. Se vuelve a unir al aire en forma de gas emitido por la descomposición del animal. El dióxido de carbono que no pasa al aire se va al suelo. Las plantas y los animales muertos se descomponen y comprimen con el tiempo. Parte de este carbono se convierte en **combustibles fósiles**.

La mayor parte del carbono de la Tierra se encuentra dentro de las rocas y los combustibles fósiles. El movimiento del carbono desde estos materiales hacia el aire es usualmente lento. Es un equilibrio perfecto para nuestro planeta. Cuando las personas consumen combustibles fósiles como carbón, gas natural y petróleo, el carbono pasa más rápidamente a la atmósfera. Esta liberación acelerada altera el ciclo del carbono.

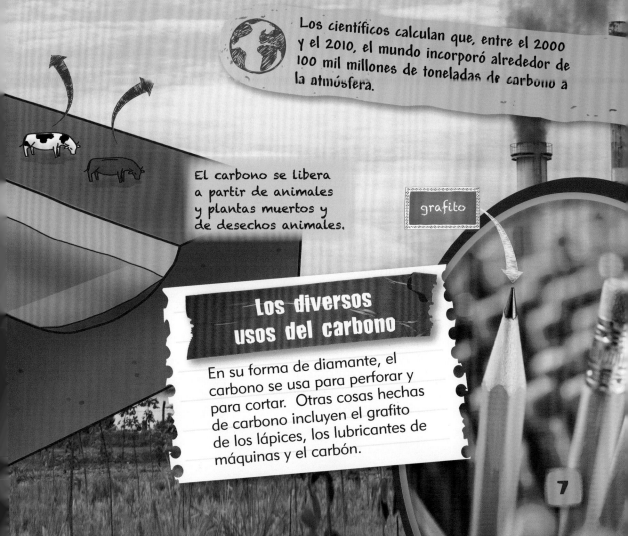

Los científicos calculan que, entre el 2000 y el 2010, el mundo incorporó alrededor de 100 mil millones de toneladas de carbono a la atmósfera.

El carbono se libera a partir de animales y plantas muertos y de desechos animales.

grafito

Los diversos usos del carbono

En su forma de diamante, el carbono se usa para perforar y para cortar. Otras cosas hechas de carbono incluyen el grafito de los lápices, los lubricantes de máquinas y el carbón.

El efecto invernadero

Un motivo por el que la Tierra se está calentando es el efecto invernadero. Es un proceso que sucede en la naturaleza. El dióxido de carbono en la atmósfera atrapa el calor del sol de una forma similar a un invernadero en una huerta. Un invernadero tiene paredes y techo transparentes. La luz solar entra y el calor del sol queda atrapado. Hace que el aire dentro del invernadero esté más caliente que el aire afuera. Las plantas prosperan en este calor.

La atmósfera de la Tierra actúa como el techo y las paredes de un invernadero. Los rayos del sol entran a través de la atmósfera. Calientan la tierra. Los **gases de efecto invernadero** en la atmósfera permiten que escape parte del calor, pero no todo, por fortuna. De otra forma, tendríamos temperaturas similares a las de la luna. Allí puede llegar a 123 °C (253 °F) durante el día y -153 °C (-243 °F) por la noche. No podríamos sobrevivir sin *algo* de efecto invernadero.

La capa de ozono

En 1985, los científicos descubrieron que estaba disminuyendo el grosor de la capa de ozono. La capa de ozono es la parte de la atmósfera que nos protege de la radiación solar. Se les sugirió a las personas que dejaran de usar rociadores en aerosol, como pintura en aerosol y determinados productos para el pelo. Esto ayudó a que la capa de ozono engrosara nuevamente. Ahora, los científicos están preocupados por nuevas investigaciones que indican que una capa de ozono más gruesa podría de hecho ¡acelerar el efecto invernadero!

Últimamente, los científicos han visto un aumento en el efecto invernadero. Si se intensifica, demasiado calor quedará atrapado en la atmósfera. Esto podría hacer que la temperatura promedio de la Tierra se eleve.

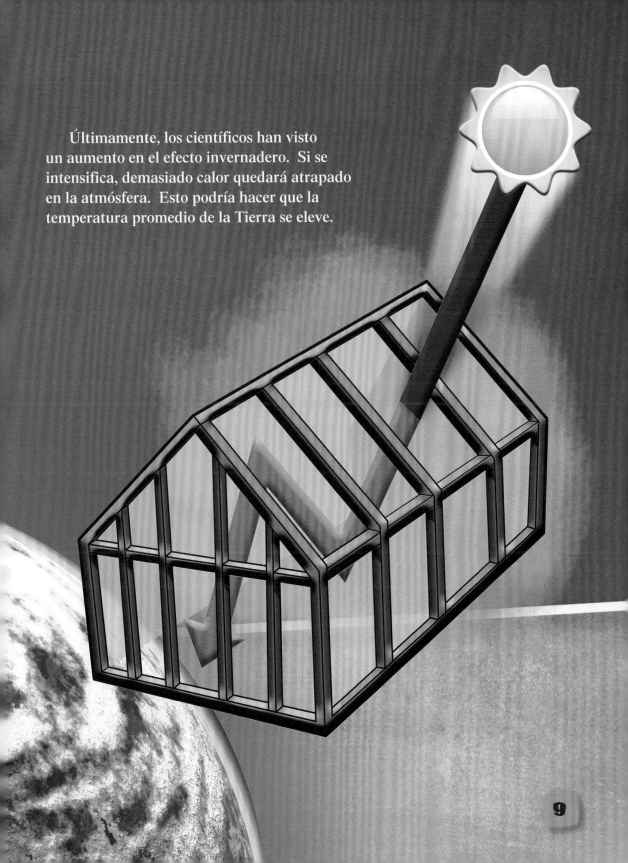

Causas del calentamiento global

Son muchos los motivos por los cuales la Tierra se está calentando. El calentamiento global es un proceso natural. Pero una gran cantidad de evidencia sugiere que los seres humanos estamos acelerando el proceso a una velocidad peligrosa. Tanto el consumo de combustibles fósiles como la **deforestación** y la agricultura lo aceleran.

Consumo de combustibles fósiles

Hace más de cien años, las personas comenzaron a consumir grandes cantidades de combustible. Fue el apogeo de la **Revolución Industrial**. Las personas construyeron fábricas y máquinas. Producían las mercancías más rápido y a un precio más bajo que antes. Inmensas cantidades de combustibles fósiles se consumieron para fabricar estas mercancías.

Las personas de todo el mundo querían comprar productos a precio más bajo. Se dio una explosión en la construcción de rutas y en el transporte. Esto implicó el uso de más combustible. Luego, llegaron el automóvil y la bombilla eléctrica. Aparecieron plantas de energía eléctrica en todo el mundo. Estas plantas consumían combustibles fósiles para generar electricidad.

Avances como estos cambiaron el mundo. Pero el consumo de combustibles fósiles liberó más gases de efecto invernadero al aire. En la actualidad, se utilizan más combustibles fósiles que nunca antes. Es posible que esto haga que el efecto invernadero se eleve fuera de control.

Hay un 30 por ciento más de dióxido de carbono en el aire hoy que hace 150 años.

Emisiones globales de dióxido de carbono en 2010

Total de emisiones en todo el mundo: 9,138 millones de toneladas métricas

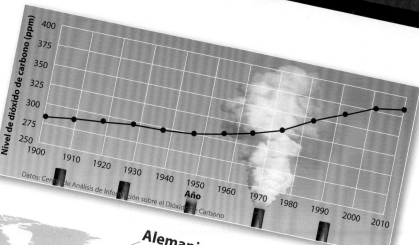

Datos: Centro de Análisis de Información sobre el Dióxido de Carbono

Nivel de dióxido de carbono (ppm) / **Año**

Canadá

Estados Unidos

Alemania

Rusia

Irán

Arabia Saudita

India

China

Japón

Corea del Sur

De 100 a 500 millones de toneladas métricas
De 500 a 1,000
De 1,000 a 2,000
2,000 o más

FUENTE: Laboratorio Nacional de Oak Ridge del Departamento de Energía de Estados Unidos

Deforestación

Los árboles son una parte importante del ciclo del carbono. Toman el dióxido de carbono de la atmósfera y lo transforman en oxígeno para que podamos respirar. También lo vuelven a convertir en carbono en el suelo. Los árboles hacen esto en todo el mundo.

Con más de siete mil millones de personas viviendo en la Tierra, hay mucha demanda de madera. Muchos bosques son talados en muy poco tiempo. Los árboles se usan para construir casas, muebles y otras cosas. Cuando se talan bosques enteros, se llama *deforestación*. Estos árboles podrían ayudar a absorber el exceso de dióxido de carbono. Ahora tenemos más dióxido de carbono en el aire y menos árboles para eliminarlo.

Bosques tropicales en el continente americano

- ■ restante
- □ pérdida proyectada
- ■ destruido

Ecuador
Colombia
América Central
Brasil
Guyana
Venezuela
Perú
Bolivia
México

Más sobre la deforestación

Alrededor del 80 por ciento de las especies animales del mundo se encuentran en los bosques tropicales. Al eliminarse los bosques tropicales, algunos animales mueren al perder su hábitat. Sin las raíces de los árboles que sostienen el suelo en su lugar, gran parte del mantillo rico en nutrientes es arrastrado. Los aludes también se vuelven más frecuentes.

Agricultura

Ya que cada vez hay más gente viviendo en la Tierra, hay más personas que alimentar. Se necesitan más granjas. Aunque no lo creas, el gas metano que emiten el ganado y otros animales de granja es otro gas de efecto invernadero. Los fertilizantes que se usan para ayudar a que las cosechas crezcan pueden producir un gas de efecto invernadero diferente: el óxido nitroso. Todos estos factores contribuyen al calentamiento global. A pesar de que no son las únicas causas del problema, hacen que sea más difícil liberar el exceso de calor de la Tierra.

13

Efectos del calentamiento global

Quizás pienses: "¿Qué importa si el tiempo está un poco más cálido?". Tal vez te gusta que haga más calor. Bueno, no se trata solo del tiempo atmosférico. El calentamiento global podría cambiar el clima de todo el mundo. Y podría tener efectos trágicos.

Tiempo atmosférico extremo

Las temperaturas cada vez más altas de la Tierra están ocasionando un tiempo atmosférico cada vez más extremo. En algunos lugares, la lluvia cae cada vez en mayor cantidad y más rápido. En otros lugares, hay menos nieve y más lluvia. El calentamiento global trae inundaciones y sequías. Las temperaturas cada vez más altas también producen aguas más cálidas. Implica más evaporación. Significa más humedad en el aire. Con una mayor cantidad de humedad, viene más lluvia.

Las costas de muchos lugares se ven azotadas por huracanes cada vez más potentes. Un huracán puede escalar rápidamente a niveles muy intensos. Es lo que sucedió en la Costa del Golfo en el 2005. El huracán Katrina comenzó como un huracán de categoría 1. Y rápidamente se convirtió en una tormenta de categoría 5. Esto, en solamente cuatro días. Los vientos azotaban a 280 kilómetros por hora (174 millas por hora). Las olas se elevaban hasta 5 metros (18 pies) de alto.

Muchos hogares y edificios fueron destruidos. La mayoría de los árboles fueron arrancados de raíz. El huracán Katrina causó daños de miles de millones de dólares. Muchas personas quedaron sin hogar. Las tormentas extremas se están volviendo más frecuentes en todo el mundo.

Se espera que la caída de rayos aumente en un 50 por ciento en el transcurso del siglo XXI debido al aumento de agua en el aire.

INTENSIDAD				
1	**2**	**3**	**4**	**5**
VELOCIDAD DEL VIENTO				
De 119 a 153 kph (de 74 a 95 mph)	De 154 a 177 kph (de 96 a 110 mph)	De 178 a 208 kph (de 111 a 129 mph)	De 209 a 251 kph (de 130 a 156 mph)	Más de 252 kph (más de 157 mph)
DAÑO				
mínimo daño en los techos	daños importantes en los techos	voladura de techos	destrucción de techos y paredes	destrucción de casas

Categorías de huracanes

Los huracanes se pueden clasificar utilizando la Escala de huracanes Saffir-Simpson. La escala está dividida en categorías. Comienza en uno, para daños mínimos, y llega hasta cinco en el caso de daños importantes. Esta escala incluye también la velocidad del viento y el daño que cada categoría causa.

El descongelamiento

Siempre es triste cuando el helado se derrite antes de que podamos disfrutarlo en un día caluroso. Los **casquetes polares** y otras regiones heladas se derriten como el helado cuando la Tierra se calienta.

En Alaska, el 85 por ciento de la tierra del estado es **permahielo**, o tierra permanentemente congelada. Pero en algunos lugares el permahielo está comenzando a derretirse. Existen ciudades, pueblos, carreteras y puentes construidos sobre esta tierra congelada. Cuando el permahielo se derrite, hace que la tierra se mueva. Los puentes y carreteras colapsan. Los edificios se inclinan y se mueven. Los árboles y hasta secciones enteras de bosques se desploman. Cuesta millones de dólares arreglar estos problemas.

El aumento de la temperatura también tienen un impacto en las formaciones de hielo más grandes del mundo. Los glaciares se están derritiendo a velocidades récord. Informes recientes demuestran que estas masas de hielo han disminuido. Pierden miles de millones de toneladas de hielo cada año.

Las capas de hielo cerca de los polos norte y sur también se están derritiendo a una velocidad alarmante. El hielo del mar Ártico nunca había estado tan pequeño. Se anticipan muchos problemas si este derretimiento continúa.

¡Los inviernos se acortan! Las temperaturas primaverales llegan entre 10 y 14 días antes de lo que llegaban hace 20 años.

¡Me derrito!

Las capas de hielo del Ártico están perdiendo alrededor del 9 por ciento del área cada 10 años. Si continúa así, hacia finales de este siglo el Ártico no tendrá hielo durante el verano. Significa que los niveles del mar se elevarán. Y debido a que el hielo refleja la radiación del sol nuevamente hacia el espacio, esto significa también que la Tierra absorberá más energía solar.

1980

2012

Desapariciones

Con los cambios de clima, muchas plantas y animales ya no encajan en el medio ambiente donde viven actualmente. Una especie tarda muchos años en adaptarse. Los cambios repentinos pueden hacer que sea difícil para las especies adaptarse. Algunos dicen que para el año 2050 un millón de especies de plantas y animales podrían desaparecer. Ocurriría debido al aumento del dióxido de carbono y otros gases de efecto invernadero. Los científicos de todo el mundo están de acuerdo con esta predicción.

La pérdida de estos seres vivos tendrá un impacto en otras formas de vida en la Tierra. Los animales que dependen de estas formas de vida tendrán que encontrar otro tipo de alimento u otro hogar. Si no encuentran lo que necesitan, también se extinguirán.

La población de osos polares

El oso polar fue agregado a la Ley de Especies en Peligro de Extinción en el 2008. Es oficialmente una especie en peligro. Los científicos creen que más de la mitad de la población podría desaparecer para el año 2050.

Por ejemplo, una cantidad cada vez menor de hielo ártico reduce el territorio y el alimento de los osos polares. Los osos polares están acostumbrados a vivir y cazar en amplios paisajes congelados. Con un medio ambiente cada vez más pequeño, no tienen el espacio que necesitan. Están luchando para sobrevivir.

La reducción de los paisajes helados también es un problema para las focas. Estos mamíferos marinos dependen de las formaciones de hielo para hacer sus hogares. Queda muy poco espacio para que las focas vivan y se reproduzcan.

 En el 2007, se extinguió la especie de sapo dorado. Muchos científicos creen que se debe a que los patrones de tiempo atmosférico extremo secaron el hábitat del sapo.

El alimento es una necesidad

Los osos polares se ven forzados a nadar distancias cada vez más largas para encontrar una presa. Con menos hielo donde detenerse durante estas largas travesías, aumenta el riesgo de ahogarse. ¡Recientemente se documentó que los osos polares nadan más de 48 km (30 millas) para perseguir una presa!

La reducción del hielo en la Antártida también es un problema para muchas plantas y animales, como los pingüinos, el fitoplancton y las aves marinas.

Una menor cantidad de hielo hace que sea difícil para los pingüinos vivir y cuidar a sus crías. Los pingüinos adultos deben viajar todo el día buscando alimento. Entonces, sus crías se quedan solas y deben valerse por sí mismas. Los pingüinos pequeños se vuelven una presa fácil para sus depredadores naturales. Como resultado, algunas poblaciones de pingüinos están disminuyendo.

El fitoplancton también está muriendo. Estos organismos microscópicos son el inicio de muchas cadenas alimentarias oceánicas. Tanto los diminutos kril como las inmensas ballenas se alimentan de fitoplancton. Pero no pueden vivir en aguas cálidas. La población de fitoplancton se ha visto reducida en más del 40 por ciento en los últimos 65 años.

Otras especies están luchando por sobrevivir ante esta pérdida de alimento. Más de la mitad de las especies de aves marinas han disminuido su población. Las aves marinas se alimentan de peces, que a su vez se alimentan del fitoplancton. Las aves marinas no encuentran la cantidad suficiente de peces para alimentarse. Cuando las plantas y los animales están en peligro de extinción o se extinguen, los efectos se sienten en toda su cadena alimentaria.

Reacción en cadena... alimentaria

Los kril son pequeñas criaturas similares a un camarón que nadan en grupos enormes. Con la disminución de la población de fitoplancton, también se redujo la población de kril. Desde 1970 ha disminuido aproximadamente en un 80 por ciento.

Estos kril fueron pescados y serán utilizados en productos como vitaminas, cebo y comida.

fitoplancton

Pingüinos en problemas

Los polluelos de pingüinos con frecuencia son arrastrados hacia el océano abierto debido a que el hielo está más delgado. La cantidad de pingüinos adultos que pueden reproducirse se ha reducido a la mitad en menos de 20 años. Con el tiempo, si las temperaturas continúan elevándose, la cantidad de pingüinos continuará descendiendo.

Problemas para las personas

Al derretirse el hielo, los niveles del mar se elevan. La elevación del nivel del mar es una amenaza para la costa. Muchas de las grandes ciudades del mundo se construyeron sobre la costa. Inicialmente, las construyeron cerca del agua para tener acceso a rutas comerciales y viajes. Si el derretimiento continúa, es posible que las personas deban mudarse de las comunidades costeras. No habrá forma de detener el avance de las aguas oceánicas sobre estos lugares hechos por el hombre.

El calentamiento global también está causando cambios en la atmósfera. En algunas áreas, el cambio en las temperaturas está causando más tormentas e inundaciones. Otras áreas están volviéndose más calurosas y secas. Allí, corrientes de aire caliente presionan hacia el suelo y los océanos. Dificulta que las corrientes de aire más frío lleguen hasta la tierra desde el mar. Las olas de calor están aumentando en cantidad y duración. Algunas duran incluso semanas. Esto perjudica tanto a las plantas como a los animales. Si se exponen demasiado al calor, los animales y las personas se enferman y mueren. Estas temperaturas extremas también pueden causar sequías devastadoras e incendios forestales de magnitudes épicas.

Predecir resultados vegetales

Algunos científicos predicen que el dióxido de carbono adicional en la atmósfera inicialmente ayudará a las plantas a crecer. Después de aproximadamente un año, el efecto perderá velocidad y luego se detendrá completamente. Las plantas serán desplazadas por otras que se adaptan a climas más cálidos pero que son menos productivas.

Las temperaturas en el Valle de la Muerte en California, llegaron a 54 °C (129 °F) en julio del 2013.

Cambios en las costas

Algunos estudios demuestran que si todo el hielo se derrite durante el calentamiento global, se formarían nuevas líneas costeras. Solamente en América del Norte desaparecerían Florida y toda la costa este. San Francisco se convertiría en un grupo de islas, mientras que el sur de California quedaría mayormente bajo el agua.

incendios forestales

California

sequías

BADWATER
280 FEET   85 METERS
BELOW SEA LEVEL

tormentas

olas de calor

23

Lograr  un impacto

Hay cosas que las personas pueden hacer para desacelerar el calentamiento global. De hecho, muchos países están comenzando a usar **energía renovable**. Es mucho mejor para la Tierra. Esta energía no viene de los combustibles fósiles. Se considera limpia porque no suma más gases de efecto invernadero al aire. La energía eólica es renovable. Una **turbina** eólica puede proveer de energía a mil hogares. La energía solar también es una excelente opción. Los paneles solares usan energía solar para hacer funcionar casi cualquier cosa, desde teléfonos celulares hasta automóviles. La energía hidráulica también es una opción limpia. Usa agua en movimiento para fabricar electricidad. Los científicos están trabajando para crear aún más fuentes de energía limpia.

Pero esto no significa que el resto no podamos hacer nada. Juntos podemos ayudar a enfriar el planeta reduciendo la **huella de carbono**. Piensa de qué formas puedes ahorrar energía. Ponte una sudadera en vez de encender la calefacción en casa. Usa bombillas eléctricas energéticamente eficientes. ¡Recicla! Reciclar puede evitar que alrededor de 450 kilogramos (990 libras) de dióxido de carbono al año ingresen a la atmósfera. Si todos seguimos estos simples pasos, podemos continuar avanzando en la dirección correcta. El futuro del combustible es verde.

Generalmente usamos el término verde para decir que algo es mejor para el medio ambiente.

Los científicos esperan reducir las emisiones de carbono usando fertilización con hierro. Quieren darles hierro a las algas para que crezcan más velozmente. Así, habría más algas que absorban el dióxido de carbono de la atmósfera.

Un científico observa carbono que fue capturado y almacenado.

Almacenamiento de carbono

Los científicos están estudiando formas de contener las emisiones de dióxido de carbono de las fábricas, enterrándolas en lo profundo, en viejos campos petroleros. Al enterrar las emisiones, habrá menos dióxido de carbono en la atmósfera.

El transporte público también puede reducir en gran medida las emisiones de dióxido de carbono. Viaja en subterráneo, autobús o tren en vez de ir en automóvil. Entonces habrá menos automóviles en la carretera y menos dióxido de carbono en la atmósfera. La huella de carbono puede reducirse incluso más si las personas caminan o usan bicicleta.

Las fábricas usan muchos combustibles fósiles para producir las cosas que compramos. Algunas personas tratan de usar menos productos. Así, las fábricas producen menos y se reduce el consumo de combustibles fósiles en el proceso. Otras personas hacen las cosas en su casa en lugar de comprarlas. Otros compran productos usados. Hay personas que incluso eligen comprar cosas de compañías que utilizan formas ecológicas para fabricar sus mercancías.

Los autobuses, trenes y subterráneos son tipos de transporte público.

También se puede reducir la huella de carbono al terminar de usar un producto. Muchos tipos de envoltorio son reciclables. Mientras más reciclemos y reutilicemos, menos productos nuevos habrá que hacer y menos gases de efecto invernadero se liberarán a la atmósfera. Todo esto puede ayudar a enfriar la Tierra para que recupere el equilibrio. Si todos trabajamos juntos, podemos marcar la diferencia.

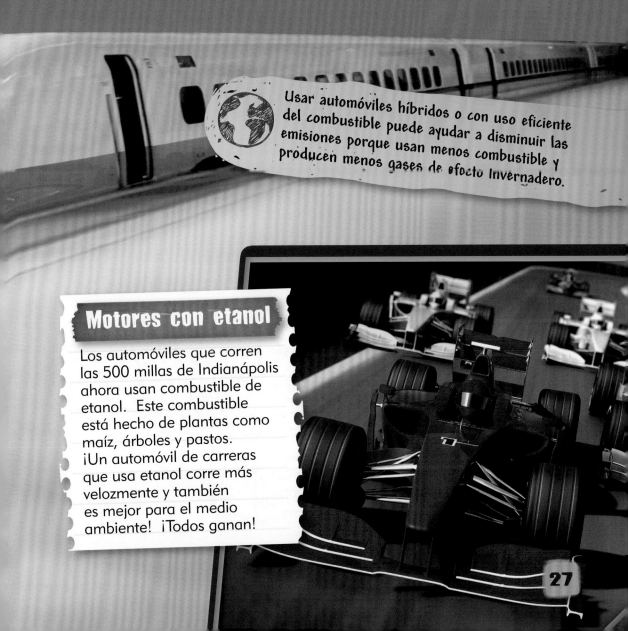

Usar automóviles híbridos o con uso eficiente del combustible puede ayudar a disminuir las emisiones porque usan menos combustible y producen menos gases de efecto invernadero.

Motores con etanol

Los automóviles que corren las 500 millas de Indianápolis ahora usan combustible de etanol. Este combustible está hecho de plantas como maíz, árboles y pastos. ¡Un automóvil de carreras que usa etanol corre más velozmente y también es mejor para el medio ambiente! ¡Todos ganan!

Piensa como un científico

¿Cómo funciona el efecto invernadero? ¡Experimenta y averígualo!

Qué conseguir

- 2 bandejas
- 2 termómetros
- envoltorio de plástico
- tierra para cultivo

Qué hacer

1 Crea una capa de 5 centímetros (2 pulgadas) de tierra en cada bandeja. Coloca un termómetro en la tierra de cada una.

2 Cubre una bandeja con envoltorio plástico. Deja la otra bandeja sin tapar. Colócalas cerca una de la otra bajo el sol.

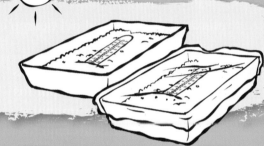

3 Controla las bandejas a la misma hora, cada día, durante cinco días. Usa una tabla como la que está a continuación para registrar las temperaturas en cada bandeja. Compara las temperaturas. ¿Qué observas? ¿Qué crees que lo ocasionó?

	Cubierta	Descubierta
Día 1		
Día 2		
Día 3		
Día 4		
Día 5		

Glosario

atmósfera: la masa de aire que rodea la Tierra

casquetes polares: la masa permanente de hielo marino que está en el área alrededor del polo norte

clima: el estado usual del tiempo en un lugar

combustibles fósiles: sustancias naturales compuestas por los restos de plantas y animales antiguos sepultados bajo tierra

deforestación: el acto o resultado de talar o quemar todos los árboles en un área

dióxido de carbono: el gas que se produce cuando los animales (incluidas las personas) exhalan o cuando se queman determinados combustibles

efecto invernadero: el calentamiento natural de la atmósfera de la Tierra

energía renovable: la fuente natural de energía que la naturaleza puede reemplazar o reciclar

gases de efecto invernadero: varios gases, entre los que se encuentran vapor de agua, dióxido de carbono y metano, que atrapan el calor dentro de la atmósfera terrestre

huella de carbono: la cantidad de gases de efecto invernadero que algo emite durante un determinado período

permahielo: una capa subterránea de suelo que permanece congelada por dos o más años

Revolución Industrial: un cambio rápido en la economía marcado por la introducción de maquinaria que funciona con un tipo de energía

sequías: períodos prolongados en los que hay muy poca o nada de lluvia

tiempo atmosférico: el estado de la atmósfera en un momento y lugar determinados

turbina: una máquina con aspas giratorias que convierte energía cinética en energía mecánica

Índice

¡TU TURNO!

Diario de CO$_2$

Escribe un diario de dióxido de carbono. En el diario, haz un seguimiento de las formas en las que liberas dióxido de carbono a la atmósfera. ¿Las cosas que enumeraste son parte de la naturaleza? ¿Puedes limitar o disminuir algunas? ¿Cómo puedes reducir tu huella de carbono?